Ein

Gusseisernes

Kochbuch

Das Ultimative Gusseisen-Kochbuch Mit Mehr Als 50 Leckeren Rezepten Für Ihre Gesunde Und Einfache Mahlzeit Zu Hause

John Carter - Allan Kuhn

Impressum:

den Inhalt dieses Buches ändern, verteilen, verkaufen, verwenden, zitieren oder paraphrasieren.

Haftungsausschluss:

Bitte beachten Sie, dass die in diesem Dokument enthaltenen Informationen nur zu Bildungs- und Unterhaltungszwecken dienen. Alle Anstrengungen wurden unternommen, um genaue, aktuelle und zuverlässige, vollständige Informationen zu präsentieren. Es werden keine Garantien jeglicher Art erklärt oder impliziert. Die Leser erkennen an, dass der Autor keine rechtliche, finanzielle, medizinische oder professionelle Beratung leistet. Der Inhalt dieses Buches stammt aus verschiedenen Quellen. Bitte konsultieren Sie einen lizenzierten Fachmann, bevor Sie die in diesem Buch beschriebenen Techniken versuchen.

Durch das Lesen dieses Dokuments stimmt der Leser zu, dass der Autor unter keinen Umständen für direkte oder indirekte

Verluste verantwortlich ist, die durch die Verwendung der in diesem Dokument enthaltenen Informationen entstehen, einschließlich, aber nicht beschränkt auf Fehler, Auslassungen oder Ungenauigkeiten.

Inhaltsverzeichnis

Einleitung

Vielen Dank für den Kauf von *Einfach Gusseisernes Kochbuch: Das Ultimative Gusseisen-Kochbuch Mit Mehr Als 50 Leckeren Rezepten Für Ihre Gesunde Und Einfache Mahlzeit Zu Hause.*

Diese kulinarische Technik ist nichts anderes als die Entwicklung eines primitiven Bedürfnisses von Höhlenmenschen, die trotz sich selbst erkannten, dass das Essen toter oder getöteter Tiere ohne Kochen des Fleisches sogar tödlich sein könnte.

Diese Menschen waren die ersten, die Fleisch, Fisch und Wurzeln auf dem Feuer kochten, experimentierten, versuchten und verstanden, dass sie durch Kochen einen besseren Geschmack und ein bekömmlicheres Essen erhalten konnten, in der Tat ist diese Art des Kochens mit einigen kleinen Geräten bisher angekommen, die durch Evolution

und Technologie gegeben sind.

Grill

Frühstück

Rübenburger mit Datteln und Ingwer

Zubereitungszeit: 5 Minuten

Kochzeit: 10 Minuten

Portionen: 6

Zutaten:

• Pfund Rüben, geschält und gerieben (ca.

• Tassen)

• 1/2 Tasse verpackte entsteinte Datteln, aufgeteilt in

• Stücke

• 1/2 Tasse Mandeln

• 1 1-Zoll-Stück geschälter frischer Ingwer, in Münzen

geschnitten

• 1/2 Tasse Bulgur

• Salz und Pfeffer

• 3/4 Tasse kochender Rotwein oder Wasser

• 1 Esslöffel Dijon oder anderer Senf

•Cayenne- oder rote Chiliflocken (optional)

Wegbeschreibungen:

1.Legen Sie die Rüben in eine Küchenmaschine mit den Datteln, Mandeln und Ingwer; Pulsieren, bis alles gut gehackt ist, aber nicht ganz eine Paste. Die Mischung in eine große Schüssel geben und den Bulgur und eine Prise Salz und Pfeffer hinzufügen. Rühren Sie den kochenden Wein, Senf und Cayenne nach Geschmack ein, wenn Sie ihn verwenden, und bedecken Sie die Schüssel mit einem Teller. Lassen Sie es 20 Minuten einwirken, damit der Bulgur weich wird. Probieren und passen Sie die Gewürze an. Zu 12 Burgern formen, ohne berührungslos auf eine Platte legen und mindestens 1 Stunde im Kühlschrank aufbewahren.

2.Drehen Sie den Steuerknopf in die hohe Position, wenn die Grillplatte heiß ist, legen Sie die Burger und kochen Sie für 10 Minuten, ohne umzudrehen.

3.Servieren Sie mit Ihren bevorzugten Befestigungen oder Toppings.

Ernährung: Kalorien: 465; Fett: 9g; Eiweiß: 13g; Faser: 2g

Garlicky Schweinefleisch Burger

Zubereitungszeit: 5 Minuten

Kochzeit: 10 Minuten

Portionen: 4

Zutaten:

•1 Teelöffel Salz

•1 Teelöffel schwarzer Pfeffer

•4 Knoblauchzehen, gehackt

•4 harte Rollen, split oder 8–10 Slider-Brötchen

Wegbeschreibungen:

1.Geben Sie das Fleisch, Salz, Pfeffer und Knoblauch in eine Küchenmaschine und pulsieren Sie, bis sie grob gemahlen sind - feiner als gehackt, aber nicht viel. (Wenn Sie vorgemahlenes Fleisch verwenden, geben Sie es in eine Schüssel mit Salz, Pfeffer und Knoblauch und arbeiten Sie sie sanft mit Ihren Händen zusammen.)

2.Behandeln Sie das Fleisch so wenig wie möglich, um es nicht zu komprimieren, formen Sie es leicht in 4 Burger, 1 bis 1 1/2

Zoll dick. (Sie können dies mehrere Stunden im Voraus tun; mit Plastikfolie abdecken und kühlen, bis Sie bereit sind zu grillen.)

3. Drehen Sie den Steuerknopf in die hohe Position, wenn die Grillplatte heiß ist, legen Sie die Burger auf und kochen Sie für 10 Minuten, ohne umzudrehen; Die Innentemperatur sollte 160 ° F betragen (überprüfen Sie mit einem sofort ablesenden Thermometer oder nicken Sie mit einem kleinen Messer und schauen Sie hinein).

4. Auf eine Platte geben. Toasten Sie die Brötchen. Servieren Sie die Burger auf den Brötchen.

Ernährung: Kalorien: 144; Fett: 22g; Eiweiß: 11g; Faser: 0g

Mittagessen

Traeger Beef Jerky

Zubereitungszeit: 15 Minuten

Kochzeit: 5 Stunden

Portionen: 10

Zutaten:

• 3 Pfund Lendensteaks

• 2 Tassen Sojasauce

• 1 Tasse Ananassaft

• 1/2 Tasse brauner Zucker

• 2 EL Sriracha

• 2 EL Hoisin

• 2 EL rote Paprikaflocke

• 2 EL Reisesnessig

• 2 EL Zwiebelpulver

Wegbeschreibungen:

1.Mischen Sie das Aroma in einem Reißverschlussbeutel und fügen Sie dann das Rindfleisch hinzu.

2.Mischen Sie, bis es gut beschichtet ist, und entfernen Sie so viel Luft wie möglich.

3.Legen Sie den Beutel in den Kühlschrank und lassen Sie ihn über Nacht oder für 6 Stunden marinieren.

4.Nehmen Sie den Beutel eine Stunde vor dem Kochen aus dem Kühlschrank

5.Starten Sie den Traeger und stellen Sie ihn auf die Raucheinstellungen oder auf 1900F.

6.Legen Sie das Fleisch auf den Grill und lassen Sie einen halben Zoll Abstand zwischen den Stücken.

7.5 Stunden abkühlen lassen und nach 2 Stunden drehen.

8.Vom Grill nehmen und abkühlen lassen. Servieren oder kühlen

Ernährung: Kalorien: 309 Kalorien Fett: 7 g Kohlenhydrate: 20 g Eiweiß: 34 g Ballaststoffe: 1 g

Traeger New York Strip

Zubereitungszeit: 5 Minuten

Kochzeit: 15 Minuten

Portionen: 6

Zutaten:

•3 New York Streifen

•Salz und Pfeffer

Wegbeschreibungen:

1.Wenn sich das Steak im Kühlschrank befindet, entfernen Sie es 30 Minuten vor dem Kochen.

2.Heizen Sie den Traeger auf 4500F vor.

3.Das Steak mit Salz und Pfeffer würzen.

4.Legen Sie das Steak auf den Grill und lassen Sie es für 5 Minuten pro Seite oder bis die Temperatur 1280F erreicht.

5.Ruhe für 10 Minuten.

Ernährung: Kalorien: 198 Kalorien Fett: 14 g Kohlenhydrate: 0 g Eiweiß: 17 g

Traeger Räucherbraten

Zubereitungszeit: 10 Minuten

Kochzeit: 6 Stunden

Portionen: 6

Zutaten:

• 1-3/4 Pfund Rinderlendespitze

• 1/2 Tasse Grillreibung

• Zwei Flaschen Bernsteinbier

• Eine Flasche BBQ-Sauce

Wegbeschreibungen:

1. Drehen Sie den Traeger auf die Raucheinstellung.

2. Reiben Sie das Rindfleisch mit Grill, bis es gut beschichtet ist, und legen Sie es dann auf den Grill.

3. Lassen Sie 4 Stunden rauchen, während Sie alle 1 Stunde umdrehen.

4. Das Rindfleisch in eine Pfanne geben und das Bier hinzufügen. Das Fleisch sollte 1/2 Weg bedeckt sein.

5.Das Rindfleisch bis zur gabeligen Zart vermoren. Es dauert 3 Stunden auf dem Herd und 60 Minuten auf dem Instant-Topf.

6.Entfernen Sie das Rindfleisch aus dem Verbot und reservieren Sie 1 Tasse der Kochflüssigkeit.

7.Mit zwei Gabeln das Rindfleisch in kleine Stücke zerkleinern und dann mit der reservierten Schmorflüssigkeit in die Pfanne zurückkehren. BBQ-Sauce hinzufügen und gut umrühren, dann bis zum Servieren warm halten. Sie können auch aufwärmen, wenn es kalt wird.

Ernährung: Kalorien: 829 Kalorien Fett: 18 g Kohlenhydrate: 4 g Eiweiß: 86 g

Abendessen

Schweinelendenbraten auf drei Arten

Zubereitungszeit: 20 Minuten

Kochzeit: 11/2 bis 3 Stunden

Portionen: 4 bis 6

Zutaten:

Pellet: Apfel, Hickory

• Apfel-injizierter gebratener Schweinelende-Spitzenbraten

• 1 (11/2 bis 2 Pfund) Schweinefilet-Spitzenbraten

• 3/4 Tasse 100% Apfelsaft

• 2 Esslöffel geröstetes Knoblauch -gewürztes natives Olivenöl extra

• 5 Esslöffel Schweinefleisch Dry Rub oder eine Business-Rub, zum Beispiel Plowboys BBQ Bovine Bold

Wegbeschreibungen:

1.Trocknen Sie die Röstung mit einem Blatt Papier

2.Verwenden Sie einen Geschmack / Marinadeninjektor, um alle Zonen der Spitzenröstung mit dem Apfelsaft zu infundieren.

3.Reiben Sie den ganzen Braten mit dem Olivenöl ein und bedecken Sie ihn anschließend großzügig mit dem Reiben.

4.Verwenden Sie 2 Silikon-Ernährungsqualität Kochgruppen oder Metzgergarn, um den Braten zu unterstützen.

5. Braten Sie das Fleisch, bis die Innentemperatur bei 145 ° F ankommt, etwa 1 1/2 Stunden.

6.Braten Sie den Braten 15 Minuten lang unter einem freien Folienzelt ab.

7.Entfernen Sie die Kochgruppen oder das Bindfäden und schneiden Sie den Braten entgegen dem, was erwartet wird.

Ernährung: Kalorien: 354 kCal Eiweiß: 22 g Fett: 30 g

Teriyaki-marinierter Schweinelende tip Roast

Zubereitungszeit: 45 Minuten

Kochzeit: 2 Stunden 30 Minuten

Portionen: 4

Zutaten:

•1 (11/2 bis 2 Pfund) Schweinefilet-Spitzenbraten

•Teriyaki Marinade, zum Beispiel Mr. Yoshida's Original

Gourmet Marinade

Wegbeschreibungen:

1.Trocknen Sie die Röstung mit einem Blatt Papier

2.Mit einem 1-Gallonen-Kühler-Lagersack oder einem

verschließbaren Fach verteilen Sie den Braten mit der

Teriyaki-Marinade.

3.Kühlen Sie mittelfristig und drehen Sie in regelmäßigen

Abständen, wann immer die Situation es zulässt.

4.Räuchern Sie das Fleisch für 1 Stunde bei 180 ° F.

5.Nach 60 Minuten erhöhen Sie Ihre Grubentemperatur auf

325 ° F.

6. Kochen Sie den Braten, bis die Innentemperatur am dicksten Teil des Bratens bei 145 ° F ankommt, etwa 1 bis 1 1/2 Stunden.

7.Braten Sie den Braten 15 Minuten lang unter einem freien Folienzelt ab.

8.Entfernen Sie die Kochgruppen oder das Bindfaden und schneiden Sie den Braten entgegen dem, was erwartet wird.

Ernährung: Kalorien: 214 kCal Eiweiß: 17 g Fett: 19 g

Schnellimbisse

Pellet Grill Bestattungskartoffeln

Zubereitungszeit: 10 Minuten

Kochzeit: 1 Stunde

Portionen: 8

Zutaten:

- 1, 32 oz., Verpackung gefrorene Rösti

- 1/2 Tasse Cheddar-Käse, gerieben

- 1 Dose Hühnercremesuppe

- 1 Tasse saure Sahne

- 1 Tasse Mayonnaise

- 3 Tassen Cornflakes, ganz oder zerkleinert

- 1/4 Tasse geschmolzene Butter

Wegbeschreibungen:

1. Heizen Sie Ihren Pelletgrill auf 350oF vor.

2. Sprühen Sie eine 13 x 9 Backform, Aluminium, mit einem

Kochspray, Antihaft.

3.Mischen Sie Rösti, Cheddar-Käse, Hühnersuppencreme, saure Sahne und Mayonnaise in einer Schüssel, groß.

4.Die Mischung vorsichtig in eine Backform löffeln.

5.Mischen Sie Cornflakes und geschmolzene Butter und streuen Sie sie dann über den Auflauf.

6.Grillen Sie für ca. 1-1/2 Stunden, bis die Kartoffeln zart werden. Wenn die Oberseite zu stark bräunt, mit einer Folie abdecken, bis die Kartoffeln fertig sind.

7.Vom Grill nehmen und heiß servieren.

Ernährung: Kalorien: 403 Gesamtfett: 37 g Gesättigte Fettsäuren: 12 g Gesamtkohlenhydrate: 14 g Nettokohlenhydrate: 14 g Protein: 4 g Zucker: 2 g Ballaststoffe: 0 g Natrium: 620 mg

Zertrümmerter Kartoffelauflauf

Zubereitungszeit:30 Min

Kochzeit:45 – 60 Min

Portionen:8

Zutaten:

• 1 kleine rote Zwiebel, dünn geschnitten

• 1 kleine grüne Paprika, dünn geschnitten

• 1 kleine rote Paprika, dünn geschnitten

• 3/4 Tasse saure Sahne

• 1 kleine gelbe Paprika, dünn geschnitten

• 3 Tassen Kartoffelpüree

• 8 - 10 Speck

• 1/4 Tasse Speckfett oder gesalzene Butter (1/2 Stick)

• 1 1/2 Teelöffel Grillreiben

• 3 Tassen zerkleinerter scharter Cheddar-Käse (geteilt)

• 4 Tassen röstibraune Kartoffeln (gefroren)

Wegbeschreibungen:

1.Holen Sie sich den Speck bei mittlerer Hitze in einer großen Pfanne kochen. Kochen Sie, bis es schön knusprig ist. Ziel für 5 Minuten auf beiden Seiten. Dann legen Sie Ihren Speck beiseite. Das Speckfett in einen Glasbehälter gießen und beiseite stellen.

2.Mit der gleichen Pfanne die Butter oder das Speckfett bei mittlerer Hitze erwärmen. Wenn warm genug, Paprika und rote Zwiebeln anbraten. Sie streben al dente an. Wenn Sie fertig sind, legen Sie alles beiseite.

3.Schnappen Sie sich eine Auflaufform, vorzugsweise eine, die 9 x 11 Zoll groß ist. Mit etwas Antihaft-Kochspray besprühen, dann das Kartoffelpüree verteilen und den gesamten Boden des Gerichts bedecken.

4.Die saure Sahne in die nächste Schicht über die Kartoffeln geben. Wenn Sie fertig sind, würzen Sie es mit etwas Grillreibung.

5. Erstellen Sie eine neue Schicht mit dem sautierten Gemüse über den Kartoffeln.

6. Streuen Sie Ihren scharfen Cheddar-Käse - nur 1 1/2 der Tassen. Dann fügen Sie die gefrorenen Rösti braunen Kartoffeln hinzu.

7. Schöpfen Sie den Rest des Speckfetts oder der Butter aus dem sautierten Gemüse über die Rösti aus und runden Sie das Ganze mit einigen köstlichen zerbröckelten Speckstücken ab. Stellen Sie Ihren Holzpellet-Smokergrill für das indirekte Kochen auf. Auf 350ºF vorheizen. Verwenden Sie beliebige Pellets.

8. Fügen Sie den Rest des scharfen Cheddar-Käses (11/2 Tassen) über das Ganze hinzu und verwenden Sie dann etwas Aluminiumfolie, um die Auflaufform zu bedecken.

9. Stellen Sie Ihren Holzpellet-Smoker-Grill für indirektes Kochen auf. Auf 350ºF vorheizen. Verwenden Sie beliebige Pellets.

10.Lassen Sie das Ganze 45 - 60 Minuten backen. Im Idealfall

möchten Sie, dass der Käse sprudelt.

11.Nehmen Sie es heraus und lassen Sie es für etwa 10

Minuten sitzen.

12.Servieren!

Ernährung: Kalorien: 232 Fett: 2g Kohlenhydrate: 48g Eiweiß:

9g Unverträglichkeiten:

desserts

Mexikanischer Straßenmais mit Chipotle Butter

Zubereitungszeit: 10 Minuten

Kochzeit: 14 Minuten

Portionen: 4

Zutaten:

- 4 Ähren Mais

- 1/2 Tasse saure Sahne

- 1/2 Tasse Mayonnaise

- 1/4 Tasse gehackter frischer Koriander, plus mehr zum

Garnieren

- Chipotle Butter, zum Topping

- 1 Tasse geriebener Parmesan

Wegbeschreibungen:

1.Versorgen Sie Ihren Räucherofen mit Holzpellets und

befolgen Sie das spezifische Anlaufverfahren des Herstellers.

2.Vorheizen, bei geschlossenem Deckel, auf 450 ° F.

3.Den Mais abschütteln, die Seide entfernen und die Kerne

abschneiden.

4.Tear vier Quadrate Aluminiumfolie groß genug, um eine

Ähre vollständig zu bedecken.

5.In einer mittleren Schüssel die saure Sahne, Mayonnaise und

Koriander kombinieren. Schäumen Sie die Mischung über die

Maisähren.

6.Wickeln Sie jede Maisähre in ein Stück Folie und

verschließen Sie sie fest. Auf den Grill legen, den Deckel

schließen und 12 bis 14 Minuten rauchen.

7.Nehmen Sie den Mais aus der Folie und legen Sie ihn in eine

flache Auflaufform. Mit Chipotle-Butter, dem Parmesan und

mehr gehacktem Koriander belegen.

8.Sofort servieren.

Ernährung: Kalorien: 150 Kohlenhydrate: 15 g Eiweiß: 79 g

Natrium: 45 mg Cholesterin: 49 mg

Geröstetes Gemüse und Hummus

Zubereitungszeit: 30 Minuten

Kochzeit: 20 Minuten

Portionen: 4

Zutaten:

- 1 weiße Zwiebel, in Keile geschnitten

- 2 Tassen Butternusskürbis

- 2 Tassen Blumenkohl, in Röschen geschnitten

- 1 Tasse Pilzknöpfe

- Olivenöl

- Salz und Pfeffer nach Geschmack

- Hummus

Wegbeschreibungen:

1. Stellen Sie den Traeger Holzpelletgrill auf hoch.

2. 10 Minuten vorheizen, während der Deckel geschlossen ist.

3. Fügen Sie das Gemüse in eine Backform.

4. 20 Minuten rösten.

5. Servieren Sie geröstetes Gemüse mit Hummus.

Ernährung: Kalorien 118 Gesamtfett 7,6g

Gesamtkohlenhydrate 10,8g Protein 5,4g Zucker 3,7g

Ballaststoffe 2,5g, Natrium 3500mg Kalium 536mg

ELEKTRISCHER SMOKER

Frühstück

Zitrone geräucherter Spargel

Zubereitungszeit: 15 Minuten

Kochzeit: 10-15 Minuten

Portionen: 2

Zutaten:

•1 Pfund Spargel

•2 Zitronen (1 in dünne Scheiben geschnitten)

•2 Knoblauchzehen (gehackt)

•1 TL Salz

•2 EL Olivenöl

•2 EL geriebener Parmesan

•1/4 TL gemahlener Pfeffer

Wegbeschreibungen:

1.Heizen Sie den elektrischen Smoker auf 2750F vor. Das

untere Ende des Spargels in Scheiben schneiden und waschen.

Fügen Sie alle Zutaten außer der ungeteilten Zitrone in eine Schüssel und dann gleichmäßig beschichten.

2.Das beschichtete Gemüse auf die Kochregale des Smokers übertragen. Stellen Sie sicher, dass sie gleichmäßig verteilt sind. Rauchen Sie für 10-15 Minuten oder bis zum Tender. Den Zitronensaft entfernen und über den Spargel drücken. Heiß servieren.

Ernährung: Kalorien: 118 Kohlenhydrate: 17.1g Fett: 8.8g Protein: 15.3g

Gegrillte Gemüse-Kabobs mit Balsamico-Vinaigrette

Zubereitungszeit: 15 Minuten

Kochzeit: 20 Minuten

Portionen: 8

Zutaten:

• 2 Zucchini

• 1 gelbe Paprika

• 8 mittelgroße Tomaten

• 2 Zwiebeln (mittlere Größe)

• 1 rote Paprika

• 2 Knoblauchzehen mit fein gehackten Knoblauch

• 16 Pilze

• 1/4 Tasse Olivenöl

• 1 EL Honig

• 1/4 Tasse Balsamico-Essig

• 1/2 TL Salz

• 1 EL Dijon-Senf

• 1/2 TL schwarzer Pfeffer (gemahlen)

•1 TL getrockneter Oregano

•8 in Wasser getränkte Spieße

Wegbeschreibungen:

1.Heizen Sie den elektrischen Smoker auf 2750F vor. In eine Schüssel öl, Honig, Essig, Oregano, Senf, Pfeffer, Knoblauch und Salz geben. Gründlich vermischen und beiseite stellen.

2.Waschen Sie das Gemüse mit Ausnahme des Pilzes und schneiden Sie dann alle in gleichmäßige Stücke. Das Gemüse in beliebiger Reihenfolge Ihrer Wahl auf den Spieß fädeln, mit der Balsamico-Essigmischung bürsten.

3.Ordnen Sie die Spieße auf den Raucherrosten an und lassen Sie sie 10-15 Minuten kochen. Die Spieße drehen und das Gemüse mit mehr Balsamico-Mischung bürsten.

4.Kochen Sie weitere 5 Minuten, während Sie die Mischung ständig umdrehen und bürsten. Sofort servieren

Ernährung: Kalorien: 119 Kohlenhydrate: 10g Fett: 7g Eiweiß: 13g

Chorizo Gefüllter Jalapeno Popper

Zubereitungszeit: 15 Minuten

Kochzeit: 15-20 Minuten

Portionen: 12

Zutaten:

•12 Jalapeno-Pfeffer

•1/2 Tasse geriebener Cheddar-Käse

•1-1/2 EL Butter

•1 Zwiebel (gehackt)

•1/2 Tasse Frischkäse

•1 Link von Chorizo (gewürfelt)

Wegbeschreibungen:

1.Heizen Sie den elektrischen Smoker auf 250F vor. Die
Jalapeno-Poppers entkernen und beiseite stellen. Butter in
einer Pfanne bei mittlerer Hitze erhitzen, Zwiebeln, Chorizo
dazugeben und anbraten, bis sie zart ist. Entfernen und
abkühlen lassen

2.In einer Schüssel, Frischkäse, Cheddar-Käse und die Chorizo-Mischung mischen. Die Mischung in die ausgehöhlten Poppers löffeln und in einem Popper-Tablett anrichten.

3.Übertragen Sie das Popper-Tablett auf die Elektrischen Smoker-Kochroste. Rauchen Sie für 15-20 Minuten oder bis die Poppers weich sind.

Ernährung: Kalorien: 112 Kohlenhydrate: 22g Fett: 7g Eiweiß: 15g

Mittagessen

Maxim Geräucherte Garnelen

Zubereitungszeit: 15 Minuten

Kochzeit: 50-55 Minuten

Portionen: 4

Zutaten:

- 1 1/2 lb. Garnelen, gereinigt

- 1 rote Paprika, fein gehackt

- 1 Knoblauchzehe, gehackt

- 6 Zweige gehackte Petersilie

- 1/2 Tasse Olivenöl

- 2 EL Zitronensaft

- 1 TL Muskatnuss

- Meersalz, nach Geschmack

- Knackigen schwarzen Pfeffer kneifen

Wegbeschreibungen:

1.Mischen Sie alle Zutaten aus der Liste in einer Schüssel und rühren Sie um, um sie gut zu kombinieren. Gießen Sie die Sauce über garnelen und wirf die Garnelen, bis sie gut beschichtet sind.

2.Heizen Sie Ihren elektrischen Smoker auf 225 - 230 ° F vor. Fügen Sie Holzspäne in die Spänerutsche hinzu und warten Sie, bis das Gerät mit dem Rauchen beginnt. Garnelen ca. 50 - 55 Minuten oder bis undurchsichtig räuchern und sich zusammenrollen. Heiß servieren. genießen!

Ernährung: Kalorien: 277 Fett: 29,1 g Eiweiß: 23,7 g Kohlenhydrate: 4,9 g

Safran-marinierte Schellfischfilets

Zubereitungszeit: 15 Minuten

Kochzeit: 2 Stunden

Portionen: 4

Zutaten:

• 4 Schellfischfilets, ohne Haut

• 3 EL natives Olivenöl

• Großzügige Pinch Safranfäden

• 1/2 TL Meersalz und schwarzer Pfeffer, nach Geschmack

• 1 TL Gießzucker

• Spritzer Rotweinessig

• Basilikumzweige, zum Garnieren

Wegbeschreibungen:

1. Kombinieren Sie Olivenöl, Safranfäden, Salz, Pfeffer, Zucker und Essig in einem flachen Gericht. Die Fischfits dazufüppen und gut unterstrichen.

2.Etwas mehr Pfeffer übermahlen, abdecken und 30 Minuten

im Kühlschrank marinieren lassen. Heizen Sie Ihren Smoker

auf 230 ° F vor.

3.Fisch aus der Marinade nehmen und auf einem Küchentuch

trocken tupfen. Räuchern Sie den Fisch für ca. 2 Stunden. Heiß

servieren. genießen!

Ernährung: Kalorien: 395,3 Fett: 8,1 g Eiweiß: 74 g

Kohlenhydrate: 1,7 g

Abendessen

Herby Lammkoteletts

Zubereitungszeit: 10 Minuten

Kochzeit: 2 Stunden

Portionen: 4

Zutaten:

- 8 Lammkoteletts, jeweils ca. 3/4 Zoll dick, fett beschnitten
- FÜR DIE MARINADE:
- 1 Teelöffel gehackter Knoblauch
- Salz nach Bedarf
- 1 Esslöffel getrockneter Rosmarin
- Gemahlener schwarzer Pfeffer nach Bedarf
- 1/2 Esslöffel getrockneter Thymian
- 3 Esslöffel Balsamico-Essig
- 1 Esslöffel Dijon-Senf
- 1/2 Tasse Olivenöl

Wegbeschreibungen:

1.Bereiten Sie die Marinade vor und nehmen Sie dafür eine kleine Schüssel, legen Sie alle Zutaten hinein und rühren Sie um, bis sie gut vermischt sind.

2.Legen Sie Lammkoteletts in einen großen Plastikbeutel, gießen Sie Die Marinade ein, verschließen Sie den Beutel, drehen Sie ihn auf den Kopf, um Lammkoteletts mit der Marinade zu beschichten, und lassen Sie sie mindestens 4 Stunden im Kühlschrank marinieren.

3.Wenn Sie bereit zum Kochen sind, schalten Sie den Pelletgrill ein, füllen Sie den Grilltrichter mit aromatisierten Holzpellets, schalten Sie den Grill mit dem Bedienfeld ein, wählen Sie Rauch auf dem Temperaturregler oder stellen Sie die Temperatur auf 450 Grad F ein und lassen Sie ihn mindestens 5 Minuten vorheizen.

4.In der Zwischenzeit Lammkoteletts aus dem Kühlschrank nehmen und auf Raumtemperatur bringen. Wenn der Grill vorgeheizt ist, öffnen Sie den Deckel, legen Sie Lammkoteletts auf den Grillrost, schließen Sie den Grill und räuchern Sie ihn

5 Minuten pro Seite, bis er angebraten ist.

5.Wenn Sie fertig sind, geben Sie Lammkoteletts in ein

Gericht, lassen Sie sie für 5 Minuten ruhen und dann

servieren.

Ernährung: Kalorien 390, Gesamtfett 35g, Gesättigte

Fettsäuren 15g, Gesamtkohlenhydrate 0g, Nettokohlenhydrate

0g, Protein 17g, Zucker 0g, Ballaststoffe 0g, Natrium: 65mg.

Rosmarin Lamm

Zubereitungszeit: 10 Minuten

Kochzeit: 3 Stunden

Portionen: 2

Zutaten:

• 1 Gestell Lammrippe, Membran entfernt

• 12 Babykartoffeln

• 1 Bund Spargel, Enden beschnitten

• Gemahlener schwarzer Pfeffer, je nach Bedarf

• Salz, je nach Bedarf

• 1 Teelöffel getrockneter Rosmarin

• 2 Esslöffel Olivenöl

• 1/2 Tasse Butter, ungesalzen

Wegbeschreibungen:

1.Schalten Sie den Pelletgrill ein, füllen Sie den Grilltrichter

mit aromatisierten Holzpellets, schalten Sie den Grill mit dem

Bedienfeld ein, wählen Sie Rauch auf dem Temperaturregler

oder stellen Sie die Temperatur auf 225 Grad F ein und lassen Sie ihn mindestens 5 Minuten vorheizen.

2.In der Zwischenzeit Öl auf beiden Seiten der Lammrippen träufeln und dann mit Rosmarin bestreuen.

3.Nehmen Sie eine tiefe Auflaufform, legen Sie Kartoffeln hinein, fügen Sie Butter hinzu und mischen Sie, bis sie beschichtet sind.

4.Wenn der Grill vorgewärmt ist, öffnen Sie den Deckel, legen Sie Lammrippchen zusammen mit Kartoffeln in die Auflaufform auf den Grillrost, schließen Sie den Grill und räuchern Sie für 3 Stunden, bis die Innentemperatur 145 Grad F erreicht.

5.Spargel in den letzten 20 Minuten in die Auflaufform geben und wenn fertig, die Auflaufform vom Grill nehmen und das Lamm auf ein Schneidebrett geben.

6.Lamm 15 Minuten ruhen lassen, in Scheiben schneiden und dann mit Kartoffeln und Spargel servieren.

Ernährung: Kalorien 390, Gesamtfett 35g, Gesättigte

Fettsäuren 15g, Gesamtkohlenhydrate 0g, Nettokohlenhydrate

0g, Protein 17g, Zucker 0g, Ballaststoffe 0g, Natrium: 65mg.

Lammkoteletts mit Rosmarin und Olivenöl

Zubereitungszeit: 10 Minuten

Kochzeit: 50 Minuten

Portionen: 4

Zutaten:

• 12 Lammlendekoteletts, fettbeschnitten

• 1 Esslöffel gehackte Rosmarinblätter

• Salz nach Bedarf für trockenes Salzen

• Jeffs Originalreibung nach Bedarf

• 1/4 Tasse Olivenöl

Wegbeschreibungen:

1. Nehmen Sie ein Keksblatt, legen Sie Lammkoteletts darauf, bestreuen Sie es mit Salz und kühlen Sie es dann für 2 Stunden. 2. Nehmen Sie in der Zwischenzeit eine kleine Schüssel, legen Sie Rosmarinblätter hinein, rühren Sie Öl ein und lassen Sie die Mischung 1 Stunde stehen.

2. Wenn Sie bereit zum Kochen sind, schalten Sie den Pelletgrill ein, füllen Sie den Grilltrichter mit Holzpellets mit

Apfelgeschmack, schalten Sie den Grill mit dem Bedienfeld ein, wählen Sie Rauch auf dem Temperaturregler oder stellen Sie die Temperatur auf 225 Grad F ein und lassen Sie ihn mindestens 5 Minuten vorheizen.

3. In der Zwischenzeit Rosmarin-Öl-Mischung auf allen Seiten von Lammkoteletts bürsten und dann mit Jeffs originalem Reiben bestreuen.

4.Wenn der Grill vorgeheizt ist, öffnen Sie den Deckel, legen Sie Lammkoteletts auf den Grillrost, schließen Sie den Grill und räuchern Sie für 50 Minuten, bis die Innentemperatur der Lammkoteletts 138 Grad F erreicht.

5.Wenn Sie fertig sind, wickeln Sie Lammkoteletts in Folie, lassen Sie sie 7 Minuten ruhen und servieren Sie sie dann.

Ernährung: Kalorien 390, Gesamtfett 35g, Gesättigte Fettsäuren 15g, Gesamtkohlenhydrate 0g, Nettokohlenhydrate 0g, Protein 17g, Zucker 0g, Ballaststoffe 0g, Natrium: 65mg.

Schnellimbisse

Gegrillte Wassermelone

Zubereitungszeit: 5 Minuten

Kochzeit: 2 Minuten

Portionen: 2-3

Zutaten:

•6 Wassermelonenscheiben mit einer Größe von jeweils 3 Zoll und einer Dicke von 1 Zoll

•2 Esslöffel Honig

Wegbeschreibungen:

1.Legen Sie den elektrischen Raucherrost in die Haube und schließen Sie das Gerät. Stellen Sie die Temperatur auf maximal 500 F ein und stellen Sie den Timer auf 2 Minuten ein. Stoppen Sie das Gerät, während es vorgeheizt ist.

2.Nun die Wassermelonenscheiben mit Honig bebürsten. Den elektrischen Raucherrost mit Ölspray einfetten. Legen Sie die Wassermelonenscheiben auf den elektrischen Raucherrost.

3.Schließen Sie die Kapuze und grillen Sie für 2 Minuten, ohne

sie umzudrehen. Sobald Sie fertig sind, nehmen Sie

Wassermelonenscheiben heraus und servieren Sie sofort.

Ernährung: Kalorien: 322 Fett: 1.1g Kohlenhydrate: 81.8g

Eiweiß: 5.1g

desserts

Mokierte Birnen mit buttersüßer Füllung

Zubereitungszeit: 15 Minuten

Kochzeit: 0 Minuten

Portionen: 10

Zutaten:

•10 frische Birnen

Das Gewürz:

•3 EL Zitronensaft

Die Füllung:

•1/2 Tasse Butter

•1/2 Tasse brauner Zucker

•1/4 Tasse Cracker Krümel

•2 TL Zimt

•1/2 TL Muskatnuss

•1/4 TL geriebene Zitronenschale

•1 EL Rum

•1 TL Vanilleextrakt

Das Topping:

•3/4 Tasse Schlagsahne

Wegbeschreibungen:

1.Schalten Sie einen elektrischen Raucher ein und stellen Sie die Zeit auf 107 ° C (225 ° F) ein. Schneiden Sie die Birnen längs in Hälften und entsorgen Sie dann die Samen.

2.Jeden halbierten Pfirsich mit Zitronensaft auf einem Backblech anrichten. Butter in eine Schüssel geben und dann in einer Mikrowelle schmelzen.

3.Sobald die Butter geschmolzen ist, fügen Sie braunen Zucker und Cracker-Krümel in die Schüssel hinzu. Mit Zimt, Muskatnuss, geriebener Zitronenschale, Rum und Vanilleextrakt würzen. Mischen, bis es vermischt ist.

4.Füllen Sie jede halbierte Birne mit der Füllmischung und sobald der Raucher fertig ist, legen Sie die gefüllten Birnen auf das Rauchergestell.

5.Stellen Sie die Zeit auf eine Stunde ein und rauchen Sie die

Birnen, bis die Füllung geschmolzen ist. Sobald die

geräucherten Birnen fertig sind, entfernen Sie sie aus dem

Raucher und lassen Sie sie abkühlen. Jede Birne mit

Schlagsahne garnieren und dann servieren.

Ernährung: Kalorien: 200 Kohlenhydrate: 34g Fett: 7g Eiweiß:

2g

Gegrillte geräucherte Bananen mit dunkler Schokolade & gerösteten Haselnüssen

Zubereitungszeit: 15 Minuten

Kochzeit: 5 Minuten

Portionen: 2-4

Zutaten:

•4 kleine Bananen, halbreif

•1/2 TL Meersalz

•2-3 EL dunkle Schokolade, fein gehackt

•4-6 TL Haselnüsse, gehackt, geröstet

•Vanilleeis, zum Servieren

Wegbeschreibungen:

1.Erwärmen Sie Ihren Smoker auf 250 ° F / 120 ° C und weichen Sie Ihre Hackschnitzel für eine Stunde ein. Entfernen Sie die Hackschnitzel aus der Flüssigkeit und tupfen Sie sie vor dem Verwenden trocken.

2.Schälen Sie die Banane in zwei Hälften, so dass der obere Teil der Banane freigelegt ist, aber der Boden noch in der Haut sitzt. Machen Sie ein paar Schlitze in der Banane und legen Sie

sie dann für 5 Minuten in Ihren Smoker.

3.Nehmen Sie die Bananen aus dem Raucher und bestreuen

Sie sie dann mit Salz, Schokolade und Nüssen. Mit Eis

servieren und genießen.

Ernährung: Kalorien: 185 Kohlenhydrate: 48g Fett: 1g Eiweiß:

2g

Camping

Frühstück

Traeger Gegrilltes Hähnchen

Zubereitungszeit: 10 Minuten

Kochzeit: 1 Stunde und 10 Minuten

Portionen: 6

Zutaten:

•5 lb. ganzes Huhn

•1/2 Tasse Öl

•Traeger Hühnerreibung

Wegbeschreibungen:

1.Heizen Sie den Traeger bei geöffnetem Deckel für 5 Minuten auf die Raucheinstellung vor. Schließen Sie den Deckel und lassen Sie ihn 15 Minuten lang oder bis er 450 erreicht.

2.Verwenden Sie Bäckergarn, um die Hühnerbeine zusammenzubinden und dann mit Öl einzureiben. Das Hähnchen mit der Reibung beschichten und auf den Grill legen.

3.Grillen Sie für 70 Minuten mit geschlossenem Deckel oder

bis es eine Innentemperatur von 1650F erreicht.

4.Das Huhn aus dem Traeger nehmen und 15 Minuten ruhen

lassen. Schneiden und servieren.

Ernährung: Kalorien 935 Gesamtfett 53g Gesättigte Fettsäuren

15g Protein 107g Natrium 320mg

Traeger Hähnchenbrust

Zubereitungszeit: 10 Minuten

Kochzeit: 15 Minuten

Portionen: 6

Zutaten:

• 3 Hähnchenbrüste

• 1 EL Avocadoöl

• 1/4 EL Knoblauchpulver

• 1/4 EL Zwiebelpulver

• 3/4 EL Salz

• 1/4 EL Pfeffer

Wegbeschreibungen:

1. Heizen Sie Ihren Traeger auf 3750F vor

2. Schneiden Sie die Hähnchenbrust längs in Zwei hälften und beschichten Sie sie dann mit Avocadoöl.

3. Mit Knoblauchpulver, Zwiebelpulver, Salz und Pfeffer würzen.

4.Legen Sie das Huhn auf den Grill und kochen Sie für 7

Minuten auf jeder Seite oder bis die Innentemperatur 1650F

erreicht

Ernährung: Kalorien 120 Gesamtfett 4g gesättigte Fettsäuren

1g Protein 19g Natrium 309mg

Mittagessen

Heiße und würzige geräucherte Chicken Wings

Zubereitungszeit: 30 Minuten

Kochzeit: 3 Stunden

Portionen: 1

Zutaten:

• Chicken Wings (6 lbs., 2,7 kg)

• Die Reibung

• Olivenöl – 3 Esslöffel

• Chilipulver – 2 1/2 Esslöffel

• Geräucherter Paprika – 3 Esslöffel

• Kreuzkümmel – 1/2 Teelöffel

• Knoblauchpulver – 2 Teelöffel

• Salz – 1 3/4 Teelöffel

• Pfeffer – 1 Esslöffel

• Cayenne – 2 Teelöffel

• Das Feuer

• Den Raucher eine Stunde vor dem Rauchen vorheizen.

• Fügen Sie während der Räucherzeit eingeweichte Hickory-Holzspäne hinzu.

Wegbeschreibungen:

1. Teilen Sie jeden Hühnerflügel in zwei teile und legen Sie ihn dann in eine Schüssel. verwerfen.

2. Kombinieren Sie Olivenöl mit Chilipulver, geräuchertem Paprika, Kreuzkümmel, Knoblauchpulver, Salz, Pfeffer und Cayenne und mischen Sie es dann gut.

3. Reiben Sie die Hühnerflügel mit der Gewürzmischung und lassen Sie sie etwa eine Stunde einlegen.

4. In der Zwischenzeit einen Raucher mit Holzkohle und Hickory-Holzspänen auf 225 ° F (107 ° C) vorheizen. Indirekte Hitze vorbereiten.

5. Wenn der Raucher fertig ist, ordnen Sie die gewürzten Hühnerflügel auf dem Gestell des Rauchers an.

6. Räuchern Sie die Hühnerflügel für 2 Stunden oder bis die Innentemperatur der Hühnerflügel 160 ° F (71 ° C) erreicht hat.

7.Nehmen Sie die geräucherten Chicken Wings vom Smoker und wechseln Sie zu einer Servierschale.

8.Servieren und sofort genießen.

Ernährung: Kohlenhydrate: 17 g Eiweiß: 29 g Natrium: 55 mg Cholesterin: 48 mg

Süßes geräuchertes Huhn im Schwarztee-Aroma

Zubereitungszeit: 30 Minuten

Kochzeit: 10 Stunden

Portionen: 1

Zutaten:

• Hähnchenbrust (6 lbs., 2,7 kg)

• Die Reibung

• Salz – 1/4 Tasse

• Chilipulver – 2 Esslöffel

• Chinesische Fünf-Gewürze – 2 Esslöffel

• Brauner Zucker – 1 1/2 Tassen

• Der Rauch

• Den Raucher eine Stunde vor dem Rauchen vorheizen.

• Fügen Sie während der Räucherzeit eingeweichte Hickory-Holzspäne hinzu.

• Schwarzer Tee – 2 Tassen

Wegbeschreibungen:

1.Salz, Chilipulver, chinesisches Fünfgewürz und braunen Zucker in eine Schüssel geben und dann umrühren, um zu kombinieren.

2.Reiben Sie die Hähnchenbrust mit der Gewürzmischung und marinieren Sie sie über Nacht. Im Kühlschrank aufbewahren, um es frisch zu halten.

3.In morgens einen Smoker mit Holzkohle und Hickory-Hackschnitzeln auf 107 ° C (225 ° F) vorheizen. Indirekte Hitze vorbereiten.

4.Gießen Sie schwarzen Tee in eine Einweg-Aluminiumpfanne und legen Sie sie dann in den Raucher.

5.Nehmen Sie das Huhn aus dem Kühlschrank und tauen Sie auf, während Sie auf den Raucher warten.

6.Sobald der Raucher die gewünschte Temperatur erreicht hat, legen Sie das Huhn auf das Gestell des Rauchers.

7.Rauchen Sie die Hähnchenbrust für 2 Stunden und

überprüfen Sie, ob die Innentemperatur 160 ° F (71 ° C)

erreicht hat.

8.Nehmen Sie die geräucherte Hähnchenbrust aus dem

Raucher und wechseln Sie zu einer Servierschale.

9.Servieren und sofort genießen.

Ernährung: Kohlenhydrate: 27 g Eiweiß: 19 g Natrium: 65 mg

Cholesterin: 49 mg

Abendessen

Hähnchenbrust mit Zitrone

Zubereitungszeit: 15min

Kochzeit: 15min

Portionen: 6

Zutaten:

• 6 Hähnchenbrüste, haut- und knochenlos

• 1/2 Tasse Öl

• 1 - 2 frische Thymianzweige

• 1 TL gemahlener schwarzer Pfeffer

• 2 TL. Salz

• 2 TL Honig

• 1 Knoblauchzehe, gehackt

• 1 Zitrone der Saft und die Schale

• Für den Service: Zitronenkeile

Wegbeschreibungen:

1.In einer Schüssel Thymian, schwarzer Pfeffer, Salz, Honig, Knoblauch und Zitronenschale und Saft kombinieren. Umrühren, bis es aufgelöst und vermischt ist. Fügen Sie das Öl hinzu und verquirlen Sie es, um es zu kombinieren.

2.Reinigen Sie die Brüste und tupfen Sie sie trocken. Legen Sie sie in eine Plastiktüte. Die vorgefertigte Marinade gießen und gleichmäßig einmassieren. In den Kühlschrank stellen, 4 Stunden.

3.Heizen Sie den Grill bei geschlossenem Deckel auf 400F vor.

4.Lassen Sie das Huhn abtropfen und grillen Sie, bis die Innentemperatur 165F erreicht, etwa 15 Minuten.

5.Servieren Sie mit Zitronenkeilen und einer Beilage Ihrer Wahl.

Ernährung: Kalorien: 230 Proteine: 38g Kohlenhydrate: 1g Fett: 7g

Gegrillte süße Cajun Flügel

Zubereitungszeit: 10 Minuten

Kochzeit: 45 Minuten

Portionen: 4-6

Zutaten:

• 2-Pfund-Chicken Wings

• Bei Bedarf Schweine- und Geflügel reiben

• Cajun Shake

Wegbeschreibungen:

1. Mantel Flügel in Sweet Rub und Cajun Shake.

2. Wenn Sie bereit zum Kochen sind, stellen Sie den Traeger-Grill auf 350F und heizen Sie ihn vor, den Deckel für 15 Minuten geschlossen.

3. Kochen Sie für 30 Minuten, bis die Haut braun ist und die Mitte saftig ist und ein sofort ablesendes Thermometer mindestens 165F. Servieren, genießen!

28. Die Grilled Chicken Challenge

Zubereitungszeit: 15 Minuten

Kochzeit: 1 Stunde und 10 Minuten

Portionen: 4-6

Zutaten:

• 1 (4 lbs.) ganzes Huhn

• Bei Bedarf Hühnerreiben

Wegbeschreibungen:

1. Wenn Sie bereit zum Kochen sind, stellen Sie die Temperatur auf 375F ein, dann vorheizen, schließen Sie den Deckel für 15 Minuten.

2. Spülen und trocknen Sie das ganze Huhn (entfernen und entsorgen Sie Giblets, falls vorhanden). Würzen Sie das gesamte Huhn, einschließlich der Innenseite des Huhns, mit Hühnerreibung.

3. Legen Sie das Huhn auf den Grill und kochen Sie für 1 Stunde und 10 Minuten.

4. Entfernen Sie Hähnchen vom Grill, wenn die Innentemperatur der Brust 160F erreicht. Überprüfen Sie die

Hitze regelmäßig, da die Kochzeiten je nach Gewicht des

Huhns variieren.

5.Lassen Sie das Huhn ruhen, bis die Innentemperatur der

Brust 165F, 15-20 Minuten erreicht. genießen!

Ernährung: Kalorien 212kcal Kohlenhydrate 42.6g Protein 6.1g

Fett 2.4g gesättigte Fettsäuren 0.5g Ballaststoffe 3.4g Zucker

2.9g

Schnellimbisse

Steakspieße mit Kirsch-BBQ-Sauce

Zubereitungszeit: 20 Minuten

Kochzeit: 23 Minuten

Portionen: 10

Rauchtemperatur: 135Farenheit

Bevorzugtes Holzpellet: Aprikose oder Erle

Zutaten:

• 2 Esslöffel Butter

• 1 mittelgroße Zwiebel, gehackt

• 2 Knoblauchzehen, gehackt

• 2 Tasse frische oder gefrorene dunkle Süßkirschen, entsteint und grob gehackt

• 1 Tasse Ketchup

• 1/4 Tasse Apfelessig

• 2/3 Tasse brauner Zucker

• 1 Esslöffel Worcestershire Sauce

- 1/2 Teelöffel Pfeffer

- 2 Teelöffel gemahlener Senf

- 11/2 Pfund (680 g) Flankensteak, in ca. 16 Scheiben geschnitten

- Olivenöl, je nach Bedarf

- Trigger Prime Rib Rub, nach Geschmack

- Gehackte Frühlingszwiebeln zum Servieren

Wegbeschreibungen:

1. Die Butter auflösen. Die Zwiebel dazugeben und 2 Minuten anbraten, bis sie weich ist. Knoblauch dazugeben und kochen.

2. Kirschen, Ketchup, Essig, braunen Zucker, Worcestershire-Sauce, Pfeffer und Senf geben und gut umrühren.

3. Stechen Sie vorsichtig jede Scheibe Steak mit einem Trigger-Spieß längs durch die Mitte. Mit einem Fleischpfünder jeden Steakspieß zertrümmern, bis er etwa 1/2 Zoll dick ist.

4. Wenn Sie bereit zum Kochen sind, stellen Sie die Temperatur auf Hoch und heizen Sie vor, der Deckel für 10 bis 15 Minuten geschlossen.

5.Die Steakspieße auf dem Grill anrichten und jede Seite ca. 1 bis 2 Minuten kochen lassen.

6.Lassen Sie es 5 bis 10 Minuten ruhen. Das Steak mit der Kirschgrillsauce einreiben und mit den gehackten Frühlingszwiebeln bestreut servieren.

Ernährung: Kalorien: 764 Fett: 55g Kohlenhydrate: 2g Eiweiß: 63g

desserts

Onkel Johnnys Rub

Zubereitungszeit: 10 Minuten

Kochzeit: Null

Portion: 4

Zutaten

- 1/2 Teelöffel Oregano

- 4 Esslöffel gemahlener Paprika

- 1 Esslöffel brauner Zucker

- 1 Esslöffel gemahlener Kreuzkümmel

- 1 Esslöffel Chilipulver

- 1 Esslöffel Senfpulver

- 1 Esslöffel Salz

- 2 Esslöffel Pfeffer

- 1 Esslöffel Knoblauchpulver

Wegbeschreibungen:

1.Mischen Sie die oben genannten Zutaten, um das Gewürz

vorzubereiten und verwenden Sie es nach Bedarf.

Ernährung: Kalorien: 20 Kohlenhydrate: 5g Eiweiß: 1g

Fajita Gewürz

Zubereitungszeit: 10 Minuten

Kochzeit: Null

Portion: 4

Zutaten

• 1/4 Tasse Chilipulver

• 2 Esslöffel gemahlener Kreuzkümmel

• 1 Esslöffel Salz

• 4 Teelöffel schwarzer Pfeffer

• 3 Teelöffel getrockneter Oregano

• 2 Teelöffel Paprika

• 1 Teelöffel Zwiebelpulver

• 1 Teelöffel Petersilie

Wegbeschreibungen:

1.Mischen Sie die oben genannten Zutaten, um das Gewürz

vorzubereiten und verwenden Sie es nach Bedarf.

Ernährung: Kalorien: 20 Kohlenhydrate: 5g Eiweiß: 1g

Holländisch

Frühstück

Fischstäbchen

Zubereitungszeit: 15 Minuten

Kochzeit: 15 Minuten

Portionen: 8

Zutaten:

• 16 oz. Tilapia-Filets, in Streifen geschnitten

• 1 Tasse Allzweckmehl

• 2 Eier

• 1 1/2 Tassen Paniermehl

• Salz nach Geschmack

Wegbeschreibungen:

1. Tauchen Sie Fischstreifen in Mehl und dann in Eier.

2. Mischen Sie Paniermehl und Salz.

3. Beschichten Sie Fischstreifen mit Paniermehl.

4. Fügen Sie Fischstreifen zu einem knusprigeren Teller hinzu.

5. Legen Sie einen knusprigeren Teller in den Korb.

6.Wählen Sie die Luftbruteinstellung.

7. Kochen Sie Fischstreifen bei 390 Grad F für 12 bis 15 Minuten und drehen Sie sich einmal auf halbem Weg.

Ernährung: Kalorien: 324 Fett: 21,5g gesättigte Fettsäuren: 4g Transfette: 0g Kohlenhydrate: 7,5g Ballaststoffe: 2g Natrium: 274mg

Eiweiß: 20g

Gegrillte Tomatensalsa

Zubereitungszeit: 15 Minuten

Kochzeit: 10 Minuten

Portionen: 4 bis 8

Zutaten:

• 1 Zwiebel, in Scheiben geschnitten

• 1 Jalapeño-Pfeffer, in zwei Hälften geschnitten

• 5 Tomaten, in Scheiben geschnitten

• 2 Esslöffel Öl

• Salz und Pfeffer nach Geschmack

• 1 Tasse Koriander, beschnitten und in Scheiben geschnitten

• 1 Esslöffel Limettensaft

• 1 Teelöffel Limettenschale

• 2 Esslöffel gemahlener Kreuzkümmel

• 3 Knoblauchzehen, geschält und in Scheiben geschnitten

Wegbeschreibungen:

1. Zwiebeln, Jalapeño-Pfeffer und Tomaten mit Öl beschichten.

2. Mit Salz und Pfeffer würzen.

3.Fügen Sie Ihrem Power XL Grill einen Gitterrost hinzu.

4.Drücken Sie die Grilleinstellung.

5.Wählen Sie die maximale Temperatur und stellen Sie sie auf 10 Minuten ein.

6.Drücken Sie Start, um vorzuheizen.

7.Fügen Sie Gemüse auf den Grill.

8.Kochen Sie für 5 Minuten pro Seite.

9.Auf einen Teller geben und abkühlen lassen.

10.Fügen Sie gemüsemischung zu einer Küchenmaschine hinzu.

11.Die restlichen Zutaten unterrühren.

12.Puls bis glatt.

Ernährung: Kalorien - 369 Fett – 16g Kohlenhydrate – 37g Ballaststoffe – 5g Protein – 14g

Parmesan Pommes Frites

Zubereitungszeit: 15 Minuten

Kochzeit: 15 Minuten

Portionen: 6

Zutaten:

- 1 lb. Pommes frites

- 1/2 Tasse Mayonnaise

- 2 Knoblauchzehen, gehackt

- 1 Esslöffel Öl

- Salz und Pfeffer nach Geschmack

- 1 Teelöffel Knoblauchpulver

- 1/2 Tasse Parmesan, gerieben

- 1 Teelöffel Zitronensaft

Wegbeschreibungen:

1.Fügen Sie Ihrem Power XL Grill einen knackigeren Korb hinzu.

2.Wählen Sie die Luftbrutfunktion.

3.Stellen Sie es für 22 Minuten auf 375 Grad F ein.

4.Drücken Sie Start, um vorzuheizen.

5.Pommes in den Warenkorb geben.

6.Kochen Sie für 10 Minuten.

7.Schütteln und weitere 5 Minuten kochen lassen.

8.In Öl geben und mit Parmesan bestreuen.

9.Mischen Sie die restlichen Zutaten in einer Schüssel.

10.Servieren Sie Pommes mit dieser Sauce.

Ernährung: Kalorien - 445 Fett - 27g Kohlenhydrate - 25g

Ballaststoffe - 2g Protein - 20g

Mittagessen

Luftgebratene grüne Tomaten

Zubereitungszeit: 5 Minuten

Kochzeit: 17 Minuten

Portionen: 4

Zutaten:

• Zwei mittelgrüne Tomaten

• 1/3 Tasse geriebener Parmesan.

• 1/4 Tasse blanchiertes fein gemahlenes Mandelmehl.

• Ein großes Ei.

Wegbeschreibungen:

1. Tomaten in 1/2 Zoll dicke Scheiben schneiden. Nehmen Sie eine mittlere Schüssel, verquirlen Sie das Ei. Nehmen Sie eine große Schüssel, mischen Sie das Mandelmehl und Parmesan.

2. Tauchen Sie jede Tomatenscheibe in das Ei und kämmen Sie dann die Mandelmehlmischung ein. Die Scheiben in den holländischen Ofenkorb legen

3.Stellen Sie die Temperatur auf 400 Grad F ein und stellen Sie den Timer für 7 Minuten ein. Drehen Sie die Scheiben in der Mitte der Kochzeit. Sofort servieren

Ernährung: Kalorien: 106 Protein: 6.2g Ballaststoffe: 1.4g Fett: 6.7g Kohlenhydrate: 5.9g

Gerösteter Knoblauch

Zubereitungszeit: 5 Minuten

Kochzeit: 25 Minuten

Portionen: 12

Zutaten:

• Ein mittlerer Knoblauch

• 2 TL Avocadoöl

Wegbeschreibungen:

1.Entfernen Sie alle hängenden überschüssigen Schalen vom

Knoblauch, aber lassen Sie die Nelken bedeckt. Schneiden Sie

1/4 des Knoblauchkopfes ab und setzen Sie die Spitzen der

Nelken frei

2.Mit Avocadoöl beträufeln. Legen Sie den Knoblauchkopf in

eine kleine Aluminiumfolie und umschließen Sie ihn

vollständig. Legen Sie es in den holländischen Ofenkorb.

Stellen Sie die Temperatur auf 400 Grad F ein und stellen Sie

den Timer auf 20 Minuten ein. Wenn Ihr Knoblauchkopf

etwas kleiner ist, überprüfen Sie ihn nach 15 Minuten

3.Wenn knoblauch fertig ist, sollte er goldbraun und sehr weich sein

4.To servieren, sollten Nelken herausspringen und leicht verteilt oder in Scheiben geschnitten werden können. In einem luftdichten Gefäß im Kühlschrank bis zu 5 Tage aufbewahren.

5. Sie können auch einzelne Nelken auf einem Backblech einfrieren und dann nach dem Einfrieren zusammen in einem gefriersicheren Aufbewahrungsbeutel aufbewahren.

Ernährung: Kalorien: 11 Protein: 0.2g Ballaststoffe: 0.1g Fett: 0.7g Kohlenhydrate: 1.0g

Abendessen

Lemony Thunfisch

Zubereitungszeit: 10 Minuten

Kochzeit: 10 Minuten

Portionen: 4

Zutaten:

• 2 (6 Unzen) Dosen wasserverpackter thunfisch

• 2 Teelöffel Dijon-Senf

• 1/2 Tasse Paniermehl

• 1 Esslöffel frischer Limettensaft

• 2 Esslöffel frische Petersilie, gehackt

• 1 Ei

• scharfe Sauce

• 3 Esslöffel Rapsöl

• Salz und frisch gemahlener schwarzer Pfeffer

Wegbeschreibungen:

1.Zubereitung der Zutaten. Holen Sie sich den Großteil der Flüssigkeit aus der Thunfischkonserve.

2.In einer Schüssel fischen, senf, Krümel, Zitrussaft, Petersilie und scharfe Sauce dazugeben und gut vermischen. Fügen Sie etwas Rapsöl hinzu, wenn es zu trocken erscheint. Ei, Salz und Rühren zum Kombinieren hinzufügen. Machen Sie die Bratlinge aus Thunfischmischung. Die Thunfischpasteten ca. 2 Stunden kühlen.

3.Luft Braten. Den holländischen Ofenofen auf 355 Grad F. Vorheizen für ca. 10-12 Minuten kochen.

Ernährung: Kalorien: 345 Fett: 1g Protein: 18g Ballaststoffe: 4g

Kokosnuss Garnelen

Zubereitungszeit: 15 Minuten

Kochzeit: 5 Minuten

Portionen: 4

Zutaten:

•1 (8 Unzen) Kann ananas zerkleinerte Ananas

•1/2 Tasse saure Sahne

•1/4 Tasse Ananaskonserven

•2 Eiweiß

•2/3 Tasse Maisstärke

•2/3 Tasse gesüßte Kokosnuss

•1 Tasse Panko Brotkrümel

•1 Pfund ungekochte große Garnelen, aufgetaut, wenn

gefroren, entleert und geschält

•Olivenöl zum Beschlagen

Wegbeschreibungen:

1.Zubereitung der Zutaten. Stellen Sie sicher, dass Sie die

Ananas gut abtropfen lassen und den Saft erhalten. Mit einer kleinen Schüssel die saure Sahne, Ananas und Konserven vermischen und dann gut mischen. Legen Sie es beiseite.

2.In einer anderen Schüssel das Eiweiß plus 2 Esslöffel Ananasflüssigkeit verquirlen. Die Maisstärke auf einen anderen Teller legen. Mischen Sie die Kokosnuss und die Semmelbrösel auf extra Teller.

3.Tauchen Sie die Garnelen in die Maisstärke und tauchen Sie dann in die Eiweißkombination.

4.Zuletzt in die Kokosnussmischung. Die Garnelen in das holländische Ofengestell geben und mit Öl besprühen.

5.Luft Braten. Kochen Sie es für 5 bis 7 Minuten oder Sie können warten, bis die Garnelen goldbraun sind.

Ernährung: Kalorien: 524 Fett: 14g Protein: 33g Ballaststoffe: 4g

Koriander-Limette gebratene Garnelen

Zubereitungszeit: 10 Minuten

Kochzeit: 10 Minuten

Portionen: 4

Zutaten:

•1 Pfund rohe Garnelen

•1/2 Tasse gehackter frischer Koriander

•Saft von 1 Limette

•1 Ei

•1/2 Tasse Allzweckmehl

•3/4 Tasse Brotkrümel

•Salz

•Pfeffer

•Speiseöl

•1/2 Tasse Cocktailsauce (optional)

Wegbeschreibungen:

1.Zubereitung der Zutaten. Legen Sie die Garnelen in eine

Plastiktüte und fügen Sie den Koriander und limettensaft

hinzu. Verschließen Sie den Beutel. Schütteln, um zu

kombinieren. 30 Minuten im Kühlschrank marinieren.

2.In einer kleinen Schüssel das Ei schlagen. In eine weitere

kleine Schüssel das Mehl geben. Die Semmelbrösel in eine

dritte kleine Schüssel geben und mit Salz und Pfeffer

abschmecken.

3.Besprühen Sie das holländische Ofengestell / den Korb mit

Speiseöl.

4.Entfernen Sie die Garnelen aus der Plastiktüte. Tauchen Sie

jeweils in das Mehl, dann das Ei und dann die Semmelbrösel.

5.Luft Braten. Die Garnelen in den holländischen Ofen geben.

Es ist in Ordnung, sie zu stapeln. Besprühen Sie die Garnelen

mit Speiseöl. 4 Minuten kochen lassen.

6.Öffnen Sie den niederländischen Ofen und drehen Sie die

Garnelen um. Ich empfehle, einzeln umzudrehen, anstatt zu

schütteln, um die Panade intakt zu halten. Für zusätzliche 4

Minuten kochen oder knusprig sein.

7.Vor dem Servieren abkühlen. Auf Wunsch mit Cocktailsauce

servieren.

Ernährung: Kalorien: 254 Fett: 4g Protein: 29g Ballaststoffe: 1g

Schnellimbisse

Italienische Maiskrapfen

Zubereitungszeit: 10 Minuten

Kochzeit: 3 Minuten

Portionen: 4

Zutaten:

• 2 Tassen gefrorene Maiskörner

• 1/3 Tasse fein gemahlenes Maismehl

• 1/3 Tasse Mehl

• 1/2 TL Salz

• 1/4 TL Pfeffer

• 1/2 TL Backpulver

• Zwiebelpulver, nach Geschmack

• Knoblauchpulver, nach Geschmack

• 1/4 TL Paprika

• 2 EL grüne Chilis mit Säften

• 3 EL Mandelmilch

•1/4 Tasse gehackte italienische Petersilie

Wegbeschreibungen:

1.Maismehl mit Mehl, Backpulver, Petersilie, Gewürzen in einer Schüssel schlagen.

2.Mischen Sie 3 EL Mandelmilch mit 1 Tasse Mais, schwarzem Pfeffer und Salz in einer Küchenmaschine, bis sie glatt ist. Die Mehlmischung unterrühren und dann glatt mischen.

3.Verteilen Sie diese Maismischung in einem Backblech, das mit Wachspapier ausgekleidet ist. Stellen Sie das Backblech in den Toaster des Dutch Oven und schließen Sie den Deckel. Wählen Sie den Backmodus bei 350 ° F Temperatur für 2 Minuten. In Scheiben schneiden und servieren.

Ernährung: Kalorien: 146 Cal Protein: 6,3 g Kohlenhydrate: 18,8 g Fett: 4,5 g

desserts

Schweinerinde Tortillas

Zubereitungszeit: 10 Minuten

Kochzeit: 5 Minuten

Portionen: 4

Zutaten:

- 1-Unzen Schweineschwarte

- 3/4 Tasse zerkleinerter Mozzarella-Käse

- Zwei Esslöffel Vollfett-Frischkäse

- Ein großes Ei

Wegbeschreibungen:

1.Schweineschwarte in die Küchenmaschine geben und fein mahlen.

2.Mozzarella in eine große mikrowellensichere Schüssel geben. Frischkäse in kleine Stücke zerkleinern und in die Schüssel geben. Mikrowelle für 30 Sekunden oder warten Sie, bis beide Käsesorten geschmolzen sind. Es kann leicht zu einer Kugel zusammengerührt werden. Fügen Sie gemahlene Schweineschwarte und Ei zur Käsemischung hinzu.

3.Bleiben Sie rührend, bis die Mischung eine Kugel bildet. Wenn es zu stark abkühlt und Käse aushärtet, mikrowellen Sie für weitere zehn Sekunden.

4.Den Teig in vier kleine Kugeln trennen. Jede Teigkugel zwischen zwei Pergamentblätter legen und in eine 1/4 "flache Schicht rollen.

5.Geben Sie die Tortillas in einer einzigen Schicht in den niederländischen Ofenkorb und arbeiten Sie bei Bedarf in Chargen.

6.Ändern Sie die Temperatur auf 400 ° F und stellen Sie den Timer auf 5 Minuten ein.

7. Tortillas werden knusprig und fest sein, wenn sie vollständig gekocht sind. Sofort servieren.

Ernährung: Kalorien: 145 Eiweiß: 10,7 G Ballaststoffe: 0,0 G

Nettokohlenhydrate: 0,8 g Fett: 10,0 g Natrium: 291 Mg

Kohlenhydrate: 0,8 g Zucker: 0,5 G

Mozzarella Sticks

Zubereitungszeit: 60 Minuten

Kochzeit: 10 Minuten

Portionen: 4

Zutaten:

• 6 (1 Unze) Mozzarella-Käsestäbchen

• 1/2 Tasse geriebener Parmesan

• 1/2 Unze Schweineschwarte, fein gemahlen

• Ein Teelöffel getrocknete Petersilie

• Zwei große Eier

Wegbeschreibungen:

1. Mozzarella-Sticks auf ein Schneidebrett legen und in zwei Hälften schneiden. 45 Minuten einfrieren oder bis sie stabil sind. Wenn Sie über Nacht einfrieren, entfernen Sie gefrorene Sticks nach 1 Stunde, legen Sie sie in einen luftdichten Aufbewahrungsbeutel mit Reißverschluss und legen Sie sie dann für die zukünftige Verwendung wieder in den Gefrierschrank.

2.In einem großen Behälter Parmesan, gemahlene

Schweineschwarte und Petersilie mischen.

3.In einer mittleren Schüssel Eier verquirlen.

4.Tauchen Sie einen gefrorenen Mozzarella-Stick in

geschlagene Eier und dann in parmesanische Mischung, um

sie zu beschichten. Wiederholen Sie dies mit den

verbleibenden Sticks. Mozzarella-Sticks in den

niederländischen Ofenkorb stellen.

5.Regulieren Sie die Temperatur auf 400 ° F und stellen Sie

den Timer für 10 Minuten oder bis golden ein.

6.Warm servieren.

Ernährung: Kalorien: 236 Eiweiß: 19,2 g Ballaststoffe: 0,0 g

Nettokohlenhydrate: 4,7 g Fett: 13,8 g Natrium: 609 mg

Kohlenhydrate: 4,7 g Zucker: 1,1 g

Gußeisen

Frühstück

Gusseisen Kaltgeräucherter Käse

Zubereitungszeit: 5 Minuten

Kochzeit: 2 Minuten

Portionen: 10

Zutaten:

• Eis

• 1 Aluminiumpfanne, full-size und Einweg

• 1 Aluminiumpfanne, halbe Größe und Einweg

• Zahnstocher

• Ein Block Käse

Wegbeschreibungen:

1. Heizen Sie das Gusseisen bei geschlossenem Deckel für 15 Minuten auf 165 ° F vor.

2. Stellen Sie die kleine Pfanne in die große Pfanne. Füllen Sie die Umgebung der kleinen Pfanne mit Eis.

3.Legen Sie den Käse in die kleine Pfanne auf Zahnstocher,

stellen Sie die Pfanne auf den Grill und schließen Sie den

Deckel.

4.Käse für 1 Stunde räuchern, den Käse umdrehen und 1

weitere Stunde mit geschlossenem Deckel rauchen.

5.Nehmen Sie den Käse vom Grill und wickeln Sie ihn in

Pergamentpapier ein. Im Kühlschrank für 2 3 Tage

aufbewahren, damit der Rauchgeschmack weich wird.

6.Aus dem Kühlschrank nehmen und servieren. genießen.

Ernährung: Kalorien: 1910 Gesamtfett: 7g gesättigte

Fettsäuren: 6g Gesamtkohlenhydrate: 2g Nettokohlenhydrate:

2g Protein: 6g Zucker: 1g

Ballaststoffe: 0g Natrium: 340mg Kalium: 0mg

Ganz gerösteter Blumenkohl mit Knoblauch-Parmesanbutter

Zubereitungszeit: 15 Minuten

Kochzeit: 45 Minuten

Portionen: 5

Zutaten:

•1/4 Tasse Olivenöl

•Salz und Pfeffer nach Geschmack

•1 Blumenkohl, frisch

•1/2 Tasse Butter, geschmolzen

•1/4 Tasse Parmesan, gerieben

•2 Knoblauchzehen, gehackt

•1/2 EL Petersilie, gehackt

Wegbeschreibungen:

1.Heizen Sie das gusseiserne Gitter bei geschlossenem Deckel für 15 Minuten vor.

2.In der Zwischenzeit den Blumenkohl mit Öl bürsten und dann mit Salz und Pfeffer würzen.

3.Legen Sie den Blumenkohl in ein Gusseisen: und legen Sie

ihn auf einen Grillrost.

4.Kochen Sie für 45 Minuten oder bis der Blumenkohl

goldbraun und zart ist

5.In der Zwischenzeit Butter, Käse, Knoblauch und Petersilie

in einer Rührschüssel mischen.

6.In den letzten 20 Minuten des Kochens die Buttermischung

hinzufügen.

7.Entfernen Sie den Blumenkohl und belegen Sie ihn mit mehr

Käse und Petersilie, wenn Sie möchten. genießen.

Ernährung: Kalorien: 156 Fett: 11.1g Kohlenhydrate: 8.8g

Protein: 8.2g Ballaststoffe: 3.7g Natrium: 316mg Kalium:

468.2mg

Mittagessen

Cajun Krabben gefüllte Garnelen und Jicama Corn Salad

Zubereitungszeit: 20 Minuten

Kochzeit: 0 Minute

Portionen: 4

Zutaten:

• Gefüllte Garnelen

• Klumpenkrabbenfleisch

• Rote Zwiebel

• Gehackter Knoblauch Gewürz

• Limettensaft

• Limettenschale

• Jalapeno

• Ritz Cracker

• Speck

• Gegrillte rote Zwiebeln und Jalapeno

Wegbeschreibungen:

1.Picken Sie Knorpel von der Krabbe. Kombinieren Sie Zutaten Wrap mit Speck. Grillen, bis gebräunt.

2.Remoulade Mayo, Chilisauce, Tigersauce, kreolischer Senf, Zitronensaft, Zitronenschale, Frühlingszwiebeln, Petersilie, gehackter Sellerie, gehackter Knoblauch, Salz, Kapern gehackt, Salz, schwarzer Pfeffer. Alle Zutaten vermischen und Jicama Maissalat kühlen.

3. Wir würfelten den Mais auf den Kolben, schwarze Bohnen, Karotten, Frühlingszwiebeln, Koriander, Basilikum, Limettensaft, Limettenschale, Kreuzkümmel Rote Paprika, Grill rotes Pfefferkorn auf den Kolben.

4.Spülen Sie schwarze Bohnen. Zutaten vermischen und abkühlen.

Ernährung: Menge pro 140 g = 1 Portion(en) Energie (Kalorien): 94 kcal Eiweiß: 13,51 g Fett: 1,13 g Kohlenhydrate: 7,48 g

Mandarin glasierte Hennen

Zubereitungszeit: 20 Minuten

Kochzeit: 40 Minuten

Portionen: 4

Zutaten:

• Das Fleisch

• Kornische Wild hühner, Giblets entfernt – 5

• Die Reibung

• Zwiebelpulver – 2 Esslöffel

• Knoblauchpulver – 1 Esslöffel

• Ingwerpulver – 1 Esslöffel

• Salz – 1 Esslöffel

• Olivenöl – 2 Esslöffel

• Die Füllung

• Thymianzweige – 16

• Orange, in Viertel geschnitten – 2

- Die Glasur

- Mandarinenglasur – 1 Tasse

- Das Feuer

- Füllen Sie gemäß der Bedienungsanleitung den Trichter des Grills mit 2 Pfund Holzpellets, Mesquite-Geschmack und stellen Sie den Grill ein.

- Schalten Sie den Grill ein, wählen Sie die Einstellung "Rauch", schließen Sie mit dem Deckel und verwenden Sie das Bedienfeld, um die Temperatur auf 375 Grad F einzustellen.

- Warten Sie 10 bis 15 Minuten oder bis das Feuer im Grill beginnt und die eingestellte Temperatur erreicht.

Wegbeschreibungen:

1. In der Zwischenzeit Hennen vorbereiten.

2. Bereiten Sie die Reibung vor. Nehmen Sie eine kleine Schüssel, legen Sie alle Zutaten hinein und rühren Sie um, bis sie vermischt sind.

3.Stopfen Sie die Höhle jeder Henne mit vier Thymianzweigen und einem Keil Orange und bestreuen Sie dann die Außenseite mit dem vorbereiteten Reiben.

4.Reiben Sie Hennen mit Öl und binden Sie dann die Beine von Hennen mit einer Küchenschnur.

5.Wenn der Grill vorgeheizt ist, legen Sie die Hennen auf den Grillrost und grillen Sie für 20 Minuten.

6.Dann bürsten Sie die Hennen mit Mandarinenglasur, grillen Sie 20 Minuten weiter und bürsten Sie sie dann erneut mit Mandarinenglasur.

7.Sofort servieren.

Ernährung: Menge pro 187 g = 1 Portion(en) Energie (Kalorien): 226 kcal Protein: 25,84 g Fett: 10,98 g Kohlenhydrate: 4,76 g

Abendessen

Apfel Crumble

Zubereitungszeit: 30 Minuten

Kochzeit: 1 Stunde und 30 Minuten

Portionen: 8

Zutaten:

- 2 Tassen und 2 Esslöffel Mehl, geteilt

- 1/2 Tassenkürzung

- Salz kneifen

- 1/4 Tasse kaltes Wasser

- 8 Tassen Äpfel, in Würfel geschnitten

- 3 Teelöffel Zitronensaft

- 1/2 Teelöffel gemahlene Muskatnuss

- 1 Teelöffel Apfelbutter gewürzt

- 1/8 Teelöffel gemahlene Nelken

- 1 Teelöffel Zimt

- 1/4 Tasse Butter

Wegbeschreibungen:

1.Stellen Sie Ihren Holzpelletgrill auf Rauch.

2.Vorwärmen Sie es auf 350 Grad F.

3.Mischen Sie 1 1/2 Tassen Mehl, Kürzung und Salz in einer Schüssel, bis sie krümelig sind.

4.Fügen Sie langsam kaltes Wasser hinzu. Sanft mischen.

5.Den Teig in Plastik einwickeln und 20 bis 30 Minuten im Kühlschrank aufbewahren.

6.Legen Sie die Äpfel in eine Schüssel.

7.In Zitronensaft geben. Den Teig herausnehmen.

8.Drücken Sie in eine Pfanne.

9.In einer Schüssel die 2 Esslöffel Mehl, Muskatnuss, Apfelbuttergewürz, gemahlene Nelken und Zimt vermischen.

10.Geben Sie dies in die Schüssel mit Äpfeln.

11.Fügen Sie die Butter hinzu und mischen Sie mit einem Mixer, bis sie krümelig sind.

12.Verteilen Sie dies auf dem Teig.

13.Backen Sie für 1 Stunde.

Ernährung: Kalorien: 283 Cal Fett: 6 g Kohlenhydrate: 55 g

Protein: 1 g Ballaststoffe: 0 g

Früchte auf Brot

Zubereitungszeit: 30 Minuten

Kochzeit: 1 Stunde und 30 Minuten

Portionen: 8

Zutaten:

- 1/2 Tasse Milch

- 1 Teelöffel Zucker

- 1/4 Tasse warmes Wasser

- 2 1/2 Teelöffel aktive Hefe, Instant

- 2 1/2 Tassen Allzweckmehl

- 2 Esslöffel geschmolzene Butter

- 1 Ei

- 1/2 Teelöffel Vanille

- 1/2 Teelöffel Salz

- Pflanzenöl

- 1 Esslöffel gemahlener Zimt

- Schokoladenaufstrich

- Früchte, in Scheiben geschnitten

Wegbeschreibungen:

1.Milch, Zucker, Wasser und Hefe in eine Schüssel geben. 10 Minuten einwirken lassen.

2.In eine weitere Schüssel das Mehl hinzufügen.

3.Erstellen Sie einen Brunnen in der Mitte.

4.Fügen Sie die Zuckermischung, Butter, Ei, Vanille und Salz hinzu.

5.Mischen und kneten.

6.In eine Schüssel geben.

7.Decken Sie mit einem sauberen Handtuch ab.

8.Lassen Sie für 1 Stunde aufgehen.

9.Starten Sie Ihren Holzpelletgrill.

10.Stellen Sie es auf 450 Grad F.

11.Fetten Sie eine gusseiserne Pfanne mit dem Öl ein.

12.Erstellen Sie Kugeln aus der Mischung.

13.Drücken und mit dem Zimt bestreuen.

14.Braten Sie für 1 Minute pro Seite.

15.Mit Schokolade bestreich und mit geschnittenen Früchten bestreich.

Ernährung: Kalorien: 110 Cal Fett: 2 g Kohlenhydrate: 21 g

Protein: 5 g Ballaststoffe: 2 g

Schnellimbisse

Gegrillte Pilzspieße

Zubereitungszeit: 5 Minuten

Kochzeit: 60 Minuten

Portionen: 6

Zutaten:

• 16 - oz 1 lb. Baby Portobello Pilze

Für die Marinade:

• 1/4 - Tasse Olivenöl

• 1/4 - Tasse Zitronensaft

• Kleine Handvoll Petersilie

• 1 - TL Zucker

• 1 - TL Salz

• 1/4 - TL Pfeffer

• 1/4 - TL Cayennepfeffer

• 1 bis 2 - Knoblauchzehen

• 1 - EL Balsamico-Essig

Was Sie benötigen:

•10 - Zoll Bambus/Holzspieße

Wegbeschreibungen:

1.Geben Sie die Bohnen in einer gleichmäßigen Schicht auf den Teller eines lippigen Behälters. Duschen Sie den erweichten Spread gleichmäßig lächerlich aus und schleudern Sie die Bohnen mit der Margarine mit ein paar Zangen zart, bis sie rundum bedeckt sind.

2.Würzen Sie die Bohnen gleichmäßig und großzügig mit Salz und Pfeffer.

3.Den Raucher auf 275 Grad vorheizen. Fügen Sie die Bohnen ein und rauchen Sie 3-4 Stunden, schleudern Sie sie wie ein Uhrwerk oder bis sie zart welk sind und an Stellen marginal angebraten sind.

4.Spot 10 medium Sticks in eine Heizschale und mit Wasser verteilen. Es ist wichtig, die Sticks in jedem Fall 15 Minuten lang zu übertränken (mehr ist besser), sonst verbrauchen sie zu schnell auf dem Flammenbroil.

5.Entdecken Sie die Mehrheit der Marinadenbefestigungen in einem Ernährungsprozessor und Herzschlag ein paar Mal, bis die Marinade fast glatt ist.

6.Spülen Sie Ihre Pilze und tupfen Sie sie trocken. Schneiden Sie jeden Pilz in der Mitte, so dass jedes Stück die Hälfte des Pilzstiels hat.

7. Entdecken Sie die Pilzteile in einen riesigen gallonengroßen Ziploc-Sack oder eine mittlere Schüssel und gießen Sie die Marinade ein. Schütteln Sie die Packung, bis die Mehrheit der Pilze gleichmäßig mit Marinade bedeckt ist. Kühlen und marinieren Für 30 Minuten bis 45 Minuten.

8.Vorwärmen Sie Ihren Grill über 300F

9.Kleben Sie die Pilze gemütlich auf die Bambus- / Holzstöcke, die übertränkt wurden (kein zwingender Grund, die Stöcke zu trocknen). Das Durchstechen der Pilze war von Anfang an etwas irritierend, bis ich den Dreh raus hatte.

10. Ich habe festgestellt, dass es am wenigsten anspruchsvoll ist, sie zu kleben, indem man sie auf den Stock biegt. Für den

Fall, dass Sie den Stick einfach durchfahren, kann es dazu führen, dass der Pilz bricht.

11.Entdecken Sie die durchbohrten Pilze auf dem heißen Grill für etwa 3 Minuten für jede Seite, um sicherzustellen, dass die Pilze nicht zum Flammenbroil verzehren. Die Pilze sind fertig, wenn sie empfindlich sind; als Pilze sollten vom Grill entfernt werden. Mit Folie verteilen, um sie warm zu halten, bis sie zum Servieren vorbereitet sind

Ernährung: Kalorien: 230 Kohlenhydrate: 10g Fett: 20g Eiweiß: 5g

Knoblauch Parmesan Keil

Zubereitungszeit: 15 Minuten

Kochzeit: 30-35 Minuten

Portionen: 3

Empfohlenes Pellet: Optional

Zutaten:

•3 große Russet-Kartoffeln

•1/4 Tasse natives Olivenöl extra

•1 TL Salz

•3/4 Teelöffel schwarzer Hu-Pfeffer

•2 TL Knoblauchpulver

•3/4 Tasse geriebener Parmesan

•3 Esslöffel frischer Koriander oder flachblättrige Petersilie

(optional)

•1/2 Tasse Blauschimmelkäse oder Ranch-Dressing pro

Portion, zum Einweichen (optional)

Wegbeschreibungen:

1.Reiben Sie die Kartoffeln vorsichtig mit kaltem Wasser mit einer Gemüsebürste ein, um die Kartoffeln zu trocknen.

2.Schneiden Sie die Kartoffeln vertikal in zwei Hälften und schneiden Sie sie in zwei Hälften.

3.Wischen Sie das beim Schneiden von Kartoffeln freigesetzte Wasser mit einem Papiertuch ab. Feuchtigkeit verhindert, dass Keile knusprig werden.

4.Kartoffelkeil, Olivenöl, Salz, Pfeffer und Knoblauchpulver in eine große Schüssel geben und leicht von Hand schütteln, um das Öl und die Gewürze gleichmäßig zu verteilen.

5.Legen Sie die Keile auf eine einzige Schicht Antihaft-Grillschale / Pfanne / Korb (ca. 15 x 12 Zoll).

6.Stellen Sie den Holzpellet-R-Grill für indirektes Kochen ein und verwenden Sie alle Arten von Holzpellets, um auf 425 Grad Fahrenheit vorzuheizen.

7.Legen Sie das Grilltablett in den vorgeheizten Smokergrill, braten Sie den Kartoffelkeil 15 Minuten lang und drehen Sie ihn. Braten Sie den Kartoffelkeil für weitere 15-20 Minuten, bis

die Kartoffeln innen weich und außen knusprig golden sind.

8.Kartoffelkeil mit Parmesan bestreuen und koriander oder

Petersilie nach Bedarf hinzufügen. Wenn nötig, fügen Sie

Blauschimmelkäse oder Ranch-Dressing für den Dip hinzu.

Ernährung: Kalorien 130, Gesamtfett 4g, Gesättigte Fettsäuren

2g, Gesamtkohlenhydrate 20g, Netto kohlenhydrate 18g,

Protein 2g

desserts

Lachs in Papillote mit Orange

Zubereitungszeit: 20 Minuten

Kochzeit: 30 Minuten

Portionen: 4

Zutaten:

• 600g Lachsfilet

• Vier Orangen

• Zwei Knoblauchzehen

• Schnittlauch nach Geschmack

• Eine Zitrone

Wegbeschreibungen:

1.Gießen Sie den frisch gepressten Orangensaft, den

Zitronensaft, die Schale der beiden Orangen in eine Schüssel.

Fügen Sie zwei Esslöffel Öl, Salz und Knoblauch hinzu.

Tauchen Sie das zuvor gewaschene Lachsfilet und lassen Sie

es eine Stunde in der Marinade, vorzugsweise im Kühlschrank

2.Legen Sie das Steak und einen Teil Ihrer Marinade auf ein Blatt Folie. Salzen und mit Schnittlauch und ein paar Scheiben Orange bestreuen.

3.Stellen Sie auf 1600C ein. 30 Minuten köcheln lassen. Öffnen Sie das Blatt, lassen Sie es verdampfen und servieren Sie es mit einer schönen Garnierung aus frischer Orange.

Ernährung: Kalorien 229 Fett 11g Kohlenhydrate 5g Zucker 3g Protein 25g Cholesterin 62mg

Lightning Source UK Ltd.
Milton Keynes UK
UKHW020032250122
397648UK00006B/203